행하는 그리스도인 6

환경과 생명윤리

예영커뮤니케이션

행하는 그리스도인 6

환경과 생명윤리

엮은이 · 기윤실신학위원회

초판 1쇄 찍은날 · 1999년 2월 25일

초판 1쇄 펴낸날 · 1999년 3월 5일

펴낸이 · 김승태

편집장 · 김순덕

편집 · 민들레기획

표지디자인 · 한영애

영업 · 김석주

등록번호 · 제2-1349호(1992. 3. 31)

주소 · 110-616 서울 광화문우체국 사서함 1661

　　　T. (02)830-8566 F. (02)830-8567

　　　E-mail: jeyoung@chollian.net

ISBN 89-8350-561-3

값 1,800원

■ 잘못 만들어진 책은 언제든지 교환해 드립니다.

차례

■ 교재의 구성과 활용 방법

이 교재는 총 여섯 권으로서 각 권당 4과씩으로 편성되어 있다. 한 과를 공부하는데 50-60분 정도의 시간이 필요하다. 매주 한 과씩 공부한다면 한 권에 한 달씩 총 육 개월이 걸릴 것이다. 본 교재의 기본적인 구성은 한국성서학연구소와 기독경영연구원이 공동으로 발행한바 있는 『기쁘게 일하는 하나님의 자녀들』을 따랐다. 또한 내용의 구성도 『기쁘게 일하는 하나님의 자녀들』은 본 교재와 자매관계에 있다. 여기에서 다루지 않고 있는 일과 신앙, 즉 노동윤리의 문제는 『기쁘게 일하는 하나님의 자녀들』을 참고하기 바란다.

각 과의 구성을 살펴보면 먼저 **'현실 바라보기'**의 부분이 있다. 이 부분은 우리 주위의 삶 속에서 구체적으로 일어날 수 있는 예화를 통해 문제를 제기하는 역할을 한다. 성경의 도움을 필요로 하는 상황을 소개하고 있는 것이다.

'현실에서 성경으로'는 신자들의 삶에서 일어나는 문제, 갈등 상황들을 성경 말씀으로 조명해 보는 장이다. 성경공부에 참여하는 사람들로 하여금 이 공부가 나의 삶의 문제와 긴밀하게 연결되어 있다는 공감대를 형성하는 시간이 되도록 돕는 것이다.

'성경에서 실천으로'는 말씀을 토대로 우리 삶의 갈등들을 해소하기 위하여 어떠한 구체적인 노력이 필요한가를 묻는 시간이다. 문제에 대한 성경적인 근거 제시와 함께 성경을 응용하여 적용할 수 있는 능력을 기르는 훈련을 한다.

'정리와 메시지'는 각 과를 집필한 분들의 의도가 요약되어 있기에 주제를 다시 간결하게 정리해 보는 기능을 하고 있다. 이 부분을 함께 읽어 봄으로써 성경공부 조원들에게 과의 주제를 되새겨 보게 하는 것도 좋을 것 같다.

또한 성경공부 인도자들께서는 '인도자용 교재'가 따로 마련되어 있으니 참고하시기 바란다.

한국 기독교인들의 신앙의 구체적 생활 적용을 돕고자 하는 마음으로 제시되는 본 교재의 주제들이 독자 여러분의 지식을 새롭게 하고, 가슴을 뜨겁게 하고, 생활을 변화시키기 바란다.

1999년 1월
편집위원회를 대신하여
임성빈 드림

■ 주제별 내용

제1권 꼭 알아야 할 기독교윤리 ABC

복음이 강조하고 있는 것은 율법(윤리)을 폐하려는 것이 아니라 오히려 자유와 사랑 가운데 그것을 완성하는 데 있다는 사실을 설명하면서 하나님 나라를 건설하는 자들의 삶을 소개하고 있다.

제2권 그리스도인의 생활경제

우리 삶에 지대한 영향을 주는 경제에 대한 기독교적 가치관을 심어 줌으로써 이 땅에서 발생하는 많은 경제적인 불의들을 개혁해 나갈 것을 촉구하고 있다.

제3권 신바람 나는 세상 만들기

많은 신앙인들이 정치에 대한 극단적인 두 가지 자세를 견지하고 있음을 설명하고 있다. 그 첫째는 세상의 죄성에 근거해 정치와 단절해야 한다는 자세이고, 둘째는 정치적 의무와 신앙적 의무 사이에 아무런 긴장도 없이 이 땅에 천국을 건설할 수 있다는 자세이다. 제3의 대안으로 종말론적 자세를 소개하고 있다.

제4권 문화를 읽는 새로운 패러다임

현대 사회 속에서 지대한 영향력을 발휘하는 대중문화에 대한 신앙적이고 윤리적인 비판이 있어야 함을 강조한다. 대중문화의 역기능으로부터 교회의 정체성을 보호하고 기독교 대중문화산업을 적극적으로 육성하여 대중문화의 순기능들을 활용해야 한다는 내용을 담고 있다.

제5권 하나님이 주신 선물, 가정과 성

가장 기초적이고 가장 중요한 공동체인 가정이 현대 문화 속에서 제 기능을 다하지 못하고 흔들리고 있음을 경고하면서 성경적 바탕 안에서 구체적인 해결점들을 모색하고 있다.

제6권 환경과 생명윤리

현대의 소비문화로 야기된 환경 파괴의 문제가 단순한 환경문제 차원이 아닌 창조 질서를 파괴할 지경에 이르렀음을 경고하면서 창조 질서와 함께 생명의 존엄성을 보존해야 할 기독교적 사명을 강조하고 있다.

서문

　21세기에 논의될 사회문제 중에서 가장 핵심 되는 주제는 아마도 환경문제일 것이다. 요즈음 자주 듣게 되는 이상 기후, 환경호르몬, 산성비, 오존 주의보, 지하수 오염 등의 문제는 환경문제가 얼마나 우리 가까이 있는 문제인가를 깨닫게 한다. 한편 환경문제는 다른 사회문제들과는 달리 인류의 생존과 관련되어 있고, 오염 범위가 지구화되는 데다 환경의 파괴 속도가 가속화되고 있다는 점에서 더욱 심각하게 생각해야 될 문제이다.

　환경문제는 여러 가지 원인에 의해서 발생하고 있다. 폭발적인 인구의 증가, 소득수준 향상에 따른 소비증가, 성장 지향적인 경제체제, 화석연료를 중심으로 한 에너지체계, 무분별한 개발정책, 과학기술상의 부작용이 그것이다. 그 외에도 사상적으로는 자연 적대적이고 환경 파괴적이고 인간 중심적인 자연관이나 편의주의적 가치관, 소비에의 탐욕 등 다양한 요인에 의해 복합적으로 발생하고 있다. 때문에 어떤 사상가는 환경문제의 극복을 위해서는 문명사적인 전환이 필요하다고까지 말한다. 개인의 생각과 행동, 나아가 사회의 정치경제의 체

제와 구조가 총체적이고 동시적으로 변화해야 한다는 의미이다. 인간은 과연 문명사적인 전환을 통해 21세기에 인류의 생존을 지켜 나갈 수 있을 것인가? 이 일을 위해 그리스도인과 교회가 할 수 있는 일이 있다면 어떤 일이 있겠는가?

환경문제는 일반 시민에게만이 아니라 그리스도인과 교회에게도 대단히 중요한 문제이다. 이는 환경문제가 단순한 사회적 문제가 아니라 그리스도인의 신앙과 관련한 문제이기 때문이다. 우리가 예배 때마다 외우는 사도신경의 첫 고백은 "전능하사 천지를 만드신 하나님을 내가 믿사오며"라는 구절이다. 이 고백은 하나님의 창조질서에 대한 보전이 윤리적인 책임만이 아니라 신앙적인 책임이기도 하다는 사실을 말해 주고 있다. 하나님은 첫 인간 아담과 모든 인간에게 하나님의 동산인 자연세계를 가꾸고 돌볼 것을 명령하셨다(창 2:15). 게다가 노아에게는 하나님의 홍수 심판에 의해 멸절 위기에 놓인 생물들을 돌볼 책임을 말하셨다(창 6-9장).

한편 기독교에서 말하는 구원은 전인(全人)적이며, 자연생명 전체를 포함한다. 인간만이 아니라 자연생태계도 하나님의 아들이 나타나 구원해 주기를 대망하고 있다고 성서는 말한다(롬 8:18-22). 그리고 성서는 인간이 본래 자연에서 나와서 자연으로 돌아간다고 말한다. 인간은 다른 동물들처럼 흙으로 지음을 받았다. 그래서 인간과 자연은 운명공동체라 할 수 있다. 과거에 사람들이 생각했듯이 자연은 인간의 지배와 착취의 대상만은 아니다. 하나님께서는 세상을 창조하시며 "보시기에 좋았더라"고 감탄했다. 하지만 오늘날 자연은 흉칙스런 모습으로 파괴되고 변형되고 있다.

우리는 하나님의 창조질서 보전에 대한 신앙적, 윤리적 책임을 다하지 못한 점에 대해 깊이 회개해야 한다. 그리고 창조질서에 대한 윤리적 책임을 새롭게 다짐해야 한다. 더 나아가 그리스도인 개인과 교회가 환경문제를 해결하는 데 앞장서고 모범을 보일 수 있어야 한다. 그것이 환경위기 앞에 생존의 위협을 받고 있는 21세기를 살아가는 그리스도인의 마땅한 삶의 태도일 것이다.

　제6권에서는 환경 및 생명윤리와 관련된 네 가지 주제들을 공부한다. 제1과에서는 성경에 근거해 인간과 자연의 바른 신앙적 관계를 살피고, 제2과에서는 우리의 잘못된 소비생활을 반성하면서 환경보존을 위한 기독인의 책임을 환기한다. 제3과에서는 현대 과학기술과 생명공학의 발전이 가져다 준 혜택과 문제를 숙고하는 가운데 생명을 위한 신앙인의 자세를 살피고, 제4과에서는 생명경시 풍조가 만연한 오늘날 하나님의 말씀에 근거해 생명경외의 윤리와 실천과제를 제시한다. 제6권의 성경공부를 통해 "대저 생명의 원천이 주께 있사오니 주의 광명 중에 우리가 광명을 보리이다"(시 36:9)라고 외쳤던 시인의 신앙적 고백이 우리의 것이 될 수 있기를 기도한다.

현대인의 소비생활과 그리스도인

Ⅰ. 현실 바라보기

오늘날 인류는 환경위기로 말미암아 심각한 생존 위협을 받고 있다. 이 같은 환경위기는 여러 가지 원인에 의해 발생하고 있다. 화석연료를 중심한 에너지체제, 성장 지향적인 경제구조, 무분별한 개발정책, 폭발적인 인구증가 등을 언급할 수 있다. 하지만 무제한의 물질적 풍요로움을 추구하는 현대인의 소비생활방식이야말로 지구 환경위기의 근본 원인이라 할 수 있을 것이다. 소비가 증가함에 따라 제한된 자원이 더 빨리 고갈되며, 그만큼 많은 오염물질이 생겨 나기 때문이다.

1. 한 여름철 자주 발령되는 오존주의보를 들으면서 '나 홀로 자동차' 안에서 정부를 향해 분통을 트뜨리는 일에 대해 어떻게 생각하는가?

2. 우리의 일상생활과 관련하여 생겨나는 환경문제는 어떤
   것들이 있는지 함께 생각해 보자.

   집에서:

   등하교 및 출퇴근 때에:

   학교에서:

   사무실에서:

   교회에서:

II. 현실에서 성경으로

1. '창조질서' 라는 말과 '자연(自然)' 이라는 단어의 차이는
   무엇인가?(창 1:1)

   고대 히브리어에는 '자연' 이란 단어가 없다. 왜냐하면 모
든 피조물은 스스로 존재하는(自然) 것이 아니라 하나님의
창조에 의해서만 비로소 존재할 수 있다고 믿었기 때문이다.
그래서 구약성서는 자연을 하나님의 '창조질서' 로 파악한다.

2. '하나님이 보시기에 좋았다' 라는 말의 뜻은 무엇인가?(창

1:4, 10, 12, 18, 21, 25)

....

....

....

오염된 폐수로 인해 죽은 물고기들

하나님은 자신이 만드신 피조물을 보시며 "좋았다"는 말을
연발하고 있다. 그런데 오늘날 하나님의 피조물은 어떤 모
습으로 변하고 있는가? 우리의 산과 강, 계곡, 바다, 나무,
동물 등의 모습을 살펴보자.

....

....

....

찬송가 78장 '참 아름다워라' 를 함께 부르며, 그 뜻을 새겨
보자.

3. 끝없는 인간 탐욕(눅 12:16-19)

우리가 살고 있는 지구는 생태학적 한계를 지니고 있다.
자원들은 고갈될 수 있으며, 정화능력도 제한되어 있다.
그럼에도 불구하고 인간의 물질에 대한 소유와 소비 욕구
는 끝이 없다는 데 문제의 심각함이 있다. 우리는 항상 '더
많이' 소비하기를 원한다. 과연 인간의 소비욕구는 끝이
있을까? 과거의 사치품이 오늘의 생필품이 되고, 오늘의
사치품이 내일의 생필품이 되는 것을 어떻게 생각하는가?
과거의 사치품이 오늘의 필수품으로 되는 예가 있다면 어
떤 것들이 있을까?

....

....

....

....

4. 자족(自足)의 가치관

인간 욕망의 무제한성과 지구의 물리적 생태학적 한계 사
이에 존재하는 모순은 현대인으로 하여금 새로운 윤리, 새
로운 가치관을 요구하고 있다. 다음 두 사례를 살펴보며
우리의 자세를 이야기해 보자.

아굴의 잠언(잠 30:7-9)

....

....

바울의 고백(빌 4:11-13)

....

....

그 외에 자족의 삶에 대해 성경에 나타난 좋은 모범이 있
다면 어떤 것들이 있는가?

....

....

....

III. 성경에서 실천으로

환경문제가 심각하고 그 원인이 현대인의 소비생활에 있
다고 하더라도 생존을 위한 소비생활을 무조건 금지할 수는
없다. 문제가 되는 것은 잘못된 소비생활, 말하자면 비합리적
이고 환경 파괴적인 소비생활이다. 그런 배경에서 이른바
'지속 가능한 소비생활'이 요청되고 있다. 지속 가능한 소비
생활이란 합리적이며 비판적인 소비 행동으로서 경제적이고
환경 친화적인 소비생활을 뜻한다. 우리의 잘못된 소비 행태

를 반성해 보고, 지속 가능한 소비생활을 위한 방안들을 함께
생각해 보자.

　하지만 환경위기를 개인의 가치관 변화를 통해서 극복하
는 데는 한계가 있다. 무분별한 경제개발, 성장중심의 경제체
제, 무능하고 의식 없는 정치 및 행정 등 여러 가지 사회구조
적인 변혁이 동시에 추진되어야 할 것이다.

1. 잘못된 소비 행태들
　오늘 우리들의 소비생활에서 반성하고 고쳐야
할 것은 어떤 것들이 있는가? 맹종소비, 과소
비, 즉흥소비, 모방소비에 대해 어떻게 생각하
는가?

2. 지속 가능한 소비를 위한 방안들
　환경에 부담을 덜 주며, 경제적이고, 그리스도인의 영성생
활과도 조화를 이룰 수 있는 소비생활을 위한 제안들이 있
다면 함께 나누어 보자.

3. 환경정치를 위한 행동들

지역사회에서 환경문제가 중요한 이슈가 되고 있다. 우리 지역의 정치인과 지방자치단체가 좀더 환경문제에 관심을 갖도록 만들기 위해서 우리가 할 수 있는 일이 있다면 무엇이 있을까?

IV. 정리와 메시지

하나님은 자연을 보시기에 좋고 아름답게 창조하셨다. 그리고 인간에게 창조질서를 잘 돌보고 가꿀 책임을 주셨다. 그런데 인간은 타락하여서 창조질서에 대한 책임을 잘 감당하지 못했다. 오히려 자연을 파괴하고 훼손함으로써 아름다운 자연을 흉칙스러운 모습으로 바꾸어 놓고 말았다. 그 결과 오늘날 자연은 인간의 생존을 크게 위협하고 있다. 요즘 우리가 겪고 있는 이상기후로 인한 재난들이 한 징조가 되는 것 같다. 이 같은 환경위기의 근본 원인은 바로 우리 자신들 안에 있다. 우리의 욕망과 탐심이 끝이 없기 때문이다. 따라서 문제 해결은 결국 새로운 가치관의 발견, 즉 절제할 줄 알며 더 나아가 자족할 줄 아는 마음을 형성하는 데 있다. 물질주의의 유혹에서 자유함을 누리는 그리스도인의 삶을 살아야겠다.

그리고 윤리적으로 더 현명하고 합리적이며 지속 가능한 소비생활을 모색해야 하겠다.

신앙인으로서 우리가 자연을 돌본다고 하는 것은 단순한 윤리적 의미를 넘어서 신앙적 행위가 된다. 이는 우리가 "전능하사 천지를 만드신 하나님 아버지를 믿사오며"라고 신앙을 고백할 때 이미 하나님의 창조질서에 대한 돌봄의 의지를 표현하고 있기 때문이다. 말하자면 환경보전은 하나님을 사랑하는 행위인 동시에 미래 세대에 이 지구에서 살아갈 후손을 사랑하는 이웃 사랑이 되며 더 나아가 자연생명 전체를 사랑하는 행위가 되는 것이다.

V. 더 깊은 연구를 위하여

A. 내쉬, 이문균 역, 『기독교 생태윤리』, (한국장로교출판사, 1997).
A.T. 더닝, 구자건 역, 『소비사회의 극복』, (도서출판 따님, 1994).
조용훈, 『기독교 환경윤리의 실천과제』, (대한기독교서회, 1997).

성경에 나타난 인간과 자연

I. 현실 바라보기

환경론자들 가운데에는 기독교가 환경파괴의 원인 제공자라는 주장을 하는 사람들이 적지 않다. 그들의 주장에 의하면 오늘날의 지구의 환경위기는 서구의 과학기술의 발전에 그 원인이 있고, 서구의 과학기술의 바탕은 바로 기독교의 창조신앙이라는 것이다. 말하자면 기독교의 창조신앙은 자연을 비신성화하고 비신화화시킴으로써 자연에 대한 인간의 착취와 파괴를 정당화했다는 것이다. 창조신앙은 인간을 구원의 유일한 대상으로 삼고 자연은 다만 구원사의 배경으로만 이해함으로써 자연을 주변화했다고 본다.

이런 이유로 기독교야말로 인류 역사상 출현했던 그 어떤 종교보다 더 인간 중심적이고 자연 파괴적인 종교라고 비난

한다. 그러면서 환경론자들은 지구 환경위기를 극복하기 위해서는 인간 중심적 자연 이해의 사상적 기초가 되는 기독교를 넘어서는 것이 필요하다고 주장한다. 그들은 기독교에 의해서 이교로 규정되었던 고대의 자연종교나 동양의 종교들이 하나의 대안이 될 수 있다고 본다.

과연 이들의 주장처럼 기독교는 자연 착취적이고 자연 파괴적인 종교일까? 기독교의 자연 이해는 과연 인간 중심주의적이며, 환경윤리의 거침돌일까? 아니면 그 반대일까?

1. 기독교를 비판하는 환경론자 가운데 가장 대표적인 사람이 린 화이트(Lynn Whete. Jr.)인데, 그는 "생태계 위기의 역사적 기원"이라는 논문에서 이렇게 주장하고 있다. "기독교는 특히 그 서구적 형태에 있어서 지구상에 나타난 종교 가운데 가장 인간 중심적이다… 기독교는 인간과 자연의 이원함을 확립했을 뿐 아니라, 간간이 자신의 목적을 위해 자연을 착취하는 것은 신의 뜻이라고 주장하고 있다." 기독교는 과연 환경 파괴적인 종교인가? 아니라면 그 근거는 무엇인가?

2. 기독교가 환경 파괴적 종교라는 환경론자들의 주장에 대
   해 어떻게 생각하는가?

....

....

....

....

II. 현실에서 성경으로

  성경에는 인간과 자연의 관계에 대해 다양한 입장이 나
타나고 있다. 흔히 환경론자들이 오해하듯이 기독교의 자
연 이해가 인간 중심주의적인 것만은 아니다. 때문에 성
경의 특정한 구절만을 들어서 그것이 성경 사상의 전부인
양 생각하는 것은 논리적 모순임을 알 수 있다.

1. 창조의 면류관으로서의 인간(시 8:5-8)
   하나님의 창조질서(하나님, 천사, 인간, 동식물)에서 인간
   의 위치는 어디로 표현되고 있는가?

....

....

....

....

2. 땅의 지배 명령(창 1:28-29)

하나님은 인간에게 바다의 물고기와 공중의 새, 그리고 모든 생물을 다스리라고 명령하셨다. 이를 가리켜 '문화 위임'이라고 한다. 물론 '정복하라' '다스리라'는 단어는 오늘날 사람들이 오해하듯이 대상에 대한 착취나 억압, 파괴를 의미하는 것은 결코 아니다. 그럼에도 불구하고 서구의 역사 속에서 이 구절은 자연에 대한 인간의 정복과 파괴의 근거로 인용되었다. 참된 다스림과 통치란 어떤 것인지 '하나님의 통치'의 모습을 통해 추론해 보자.

....

....

....

3. 정원사로서의 인간(창 2:15)

이 본문에서 인간은 에덴 동산을 가꾸고 돌보는 정원사로 묘사되고 있다. 자연을 '가꾸고' '돌본다'는 것은 무엇을 뜻하는가?

....

....

....

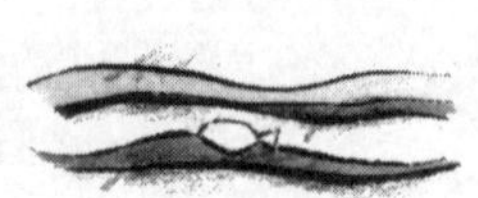

4. 생명의 수호자로서의 인간(창 6:17-22)

인간의 죄악이 극에 이르자 하나님은 홍수를 통해 인간 세상을 심판하실 뜻을 세우셨다. 그 같은 악의 현실 속에서

도 하나님을 따랐던 의인 노아에게 구원의 계획을 알려 주
신다. 노아의 방주 안에는 노아의 가족들 말고도 무엇이
있었으며, 그 의미는 무엇인가?

5. 동물의 생명도 존중하라(창 9:4-5)
  히브리인들은 생명의 자리는 피라고 생각했다. 그래서 동
  물을 피째 먹는 것을 엄하게 금지했다. 우리는 동물을 어
  떻게 대해야 할 것인가?

  동물 실험은 어느 정도까지 허용되어야 하는가?

  채식주의자의 행동은 어떻게 평가될 수 있는가?

6. 안식일 계명과 자연의 안식(출 23:5, 10-13)

안식일 계명은 단지 인간의 쉼과 휴식만을 말하지 않는다. 동물들과 논밭의 안식도 강조하고 있는데 자연생태계의 쉼의 의미와 중요성을 생각해 보기 바란다.

7. 자연의 생존권리(창 1:30)

인간만이 생존의 권리를 지니는 것이 아니라 자연도 고유한 생존권을 지니고 있다. 본문에는 자연 생명도 생명의 권리를 하나님으로부터 부여받고 있음을 보여 주고 있다. 인간에게는 과연 자신의 생존권을 위해 자연의 생존권을 파괴하는 것이 허용되어 있을까?

8. 자연의 탄식과 희망(롬 8:18-23)

피조물(자연 생태계)은 왜 탄식하고 신음하겠는가? 인간의 문제와 어떤 관련이 있는가?

____

____

____

하나님께 대한 인간의 죄악은 단지 인간의 징벌에 그치지 않는다. 땅과 자연마저 그 피해를 입게 되었다. 창세기 3:17에는 하나님의 명령에 불복종한 아담과 하와로 인해 땅이 저주를 받아 마침내 가시덤불과 엉겅퀴를 인간에게 가져다 주고 있음을 알 수 있다. 본문에 나타난 '피조물의 탄식' 이라는 표현은 오늘날 환경 파괴로 인한 자연생태계의 고통을 묘사하고 있다. 한편, 죄악의 형벌 가운데 인간만이 아니라 자연 역시 구세주를 기다린다는 표현 속에서 인간과 자연 모두가 운명공동체임을 알 수 있다.

9. 인간과 자연의 종말론적 조화(사 11:6-9)

하나님의 나라가 임할 때 약육강식의 질서는 폐지되고 평화의 질서가 수립된다고 성경은 말하고 있다. 인간과 인간 사이에서만이 아니라 인간과 자연 사이에도 하나님의 평화가 임할 것이다. 하나님의 나라를 기다리는 그리스도인의 올바른 기다림의 자세는 무엇인가?

____

____

____

1. 기독교가 환경 파괴적 종교가 아니라는 주장은 환경론자들의 비판에 대한 호교론적인 수동적 태도에 머물러서는 안 된다. 왜냐하면 기독교는 다른 어떤 종교보다 더 자연친화적인 사상을 품고 있기 때문이다. 혹시 위에서 든 성경적 근거들 외에 추가적으로 언급할 수 있는 것들이나, 기타 기독교 사상사에 나타나는 환경친화적 전통들이 있다면 함께 얘기해 보자.

....

....

....

2. '기독교환경운동 연대' 라는 단체에서 펼치는 '12가지 생활지침' 을 중심으로 하나님의 창조질서를 보전하기 위한 그리스도인과 교회의 실천과제를 함께 생각해 보자.

일: 일회용품을 쓰지 맙시다.

이: 이용합시다. 버스나 전철을.

삼: 삼갑시다. 합성세제 사용을.

사: 사용합시다. 중고품을.

오; 오늘도 물, 전기를 아껴 씁시다.

육: 육류를 줄이고 옷은 검소하게 합시다.

칠: 칠일째는 하나님도 쉬셨습니다. 시간에 쫓기지 않도록 삽시다.

팔: 팔지 맙시다. 소비를 부추기는 광고에 마음을 팔지 맙시다.

구: 구할 것은 '작고 단순한 것', 멀리할 것은 '편하고 빠른 것'.

십: 십자가의 예수님처럼 겸손합시다.

십일: 십시일반으로 가난한 이웃을 도웁시다.

십이: 십이 개월을 성실히 신앙생활합시다.

IV. 정리와 메시지

지구 환경위기는 우리 시대의 가장 크고 심각한 사회문제가 되었다. 환경위기를 극복하기 위해서는 무엇보다 먼저 인간의 자연관이 바뀌어야만 한다. 흔히 환경론자들이 오해하듯이 기독교의 자연관은 인간 중심주의적이고 자연 파괴적이 아니다. 오히려 자연에 대한 인간의 윤리적 책임을 신앙적 책임으로 승화시키고 있음을 살필 수 있다. '다스리고 정복하라'는 하나님의 명령은 자연에 대한 인간의 착취를 정당화하기보다는 '자연의 돌봄'이라는 청지기로서의 사명을 강조하는 명령으로 해석되어야만 한다.

하지만 서구의 인본주의적 전통의 영향 때문에 창조주 하나님의 권리를 인간이 빼앗음으로써 결국 자연에 대한 착취적인 관계로 변질되었던 것이다. 따라서 환경위기를 극복하기 위해서는 하나님께로의 회개가 필요하다. 우리의 삶에서 하나님의 주권을 인정해야만 한다. 하나님과 인간의 관계가 변화될 때 인간과 자연의 관계가 바뀔 수

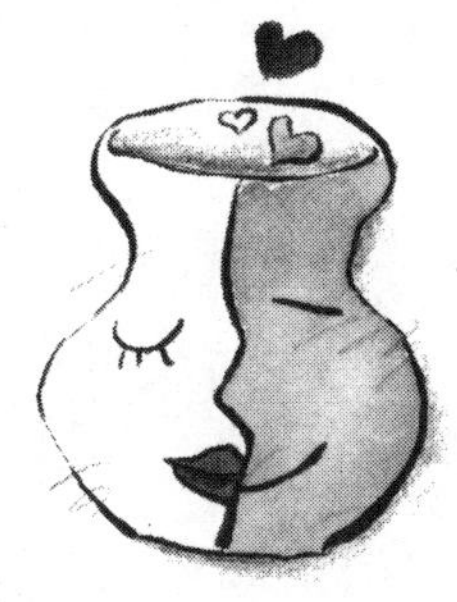

있으며, 그럴 때에만 비로소 오늘의 지구 환경위기는 극복될
수 있을 것이다.

V. 더 깊은 연구를 위하여

J.A. 내쉬, 이문균 역, 『기독교 생태윤리』, (한국장로교출판사, 1997).
김균진, 『생태계의 위기와 신학』, (대한기독교서회, 1991).
이정배 편저, 『생태학과 신학』, (종로서적, 1989).
O.H.슈텍, 박영옥 역, 『세계와 환경』, (한국신학연구소, 1990).
I.브래들리, 이상훈, 배규식 역, 『녹색의 신』, (도서출판 따님).

생명공학의 발전과 기독교

I. 현실 바라보기

분자생물학을 기초로 하여 1930년대부터 발전한 생명과학 기술은 정보통신 기술과 더불어 21세기의 핵심 기술로 전망되고 있다. 그래서 20세기가 물리학과 화학이 이끈 세기라면, 21세기는 생명공학의 세기가 될 것이라고도 하며, 유전공학을 불의 이용에 버금 가는 기술혁명이라고도 한다. 이 같은 생명공학기술의 결과 중의 하나가 바로 생명체의 복제이다.

1. 인간 생명의 복제에 대해 어떻게 생각하는가?

....

....

....

만약 인간이 복제된다면 어떤 문제들이 생겨날까?

....

....

....

II. 현실에서 성경으로

1. 생명의 주인이신 하나님(출 20:13, 신 5:17, 욥 10:8-12, 시 139:13-16)

성경은 여러 곳에 하나님만이 생명의 주인이심을 강조하고 있다. 하나님은 생명의 근원이시며, 창조주이시며, 보존하시는 분이다. 하나님 없는 생명, 하나님과 관계 없는 생명은 상상할 수가 없다. 우리가 비록 육신의 부모의 몸을 통해서 출생하지만 거기에는 하나님의 신비한 뜻과 섭리가 있음을 기억해야 한다. '하나님이 생명의 주인' 이라는 말의 뜻은 무엇일까?

2. 생명의 신성함(창 9:4-5)

왜 하나님은 사람이 고기를 먹을 때 피와 함께 먹어서는
안 된다고 했을까?

모든 생명의 주인은 하나님이시기 때문에 인간은 자신의
생명뿐만 아니라 타인의 생명을 파괴하거나 조작하거나 훼손
할 권리를 가지고 있지 않다. 성경은 동물의 생명까지 인간이
마음대로 취급해서는 안 된다고 강조하고 있다. 그럼에도 불
구하고 오늘날 생명공학기술은 식물과 동물은 물론 인간의
생명문제에까지 관여하려 하고 있다.

3. 하나님의 창조질서(창 1:27 하)

"하나님이 사람을 창조하시되 남자와 여자로 창조했다"는
말의 의미는 무엇인가?

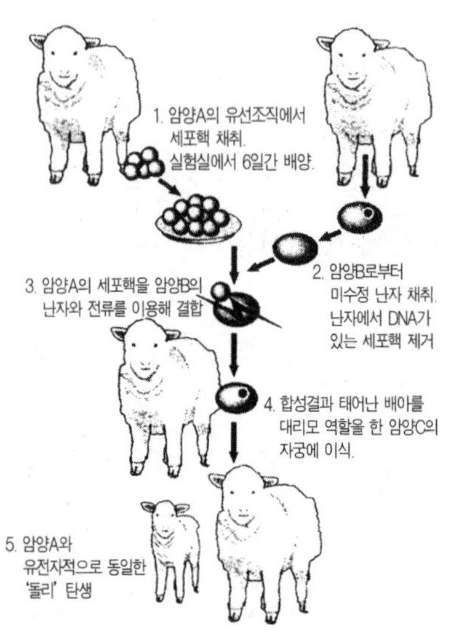

'돌리'의 복제 과정

하나님은 생명을 창조하실 때 남성과 여성, 수컷과 암컷으로 각기 창조하셨다. 그런데 돌리의 탄생에서처럼 생명공학기술에 의해 단성생식의 길이 열렸고, 그것이 인간에게 적용될 경우 남성과 여성의 성적 결합에 의한 종족 번식이라는 창조질서가 파괴될 것이다. 그것은 결국 성과 결혼이 하나님의 창조질서의 일부분임을 부인하는 것이 된다. 복제인간이 등장하게 될 경우 '부모'라는 개념은 의미를 상실할 것이며, 인간은 '양육'되는 대신에 '사육'의 대상으로 전락할 수도 있다.

4. 인간의 존엄성(창 1:27 상, 9:6)

인간의 존엄성은 천부적이며 신성 불가침한 것으로서 우리 시대의 사회, 문화, 종교, 도덕의 최고 가치요 근본 규범으로 인정되고 있다. 성경은 인간이 존엄한 이유는 바로 하나님의 형상이기 때문이라고 해석한다. 인격은 다른 무엇으로 대체될 수 없는 고유한 것이다. 그런데 다수의 복제인간이 등장할 경우 개체성과 고유성은 사라지고, 더불어 인간 존엄성은 파괴되고 말 것이다. 인간은 성별, 나이, 인종, 국적, 사회적 지위, 재산, 질병의 유무, 신체손상의 유무에 관계없이 인간이기 때문에 존엄한데, 생명공학 기술을 통한 '우수한 인종'에 대한 우생학적 유혹은 인간의 존엄성을 파괴하고 말 것이다. 오늘날 우리 주변에서 흔히 볼 수 있는 인간 존엄성의 파괴 현장에는 어떤 것들이 있는가?

....

....

....

5. 영적 존재로서의 인간(요 10:10)

생명공학자들은 인간 생명 현상을 하나의 생화학적 분자 구조로 환원될 수 있는 물질현상으로서 파악한다. 그러나 성경은 인간 생명은 육체적 존재(bios)만이 아니라 정신적 존재(psyche)이며, 더 근본적으로는 영적 존재(zoe)라고 이해한다. 말하자면 인간 생명은 하나님과의 관계를 통해 영생에 이르는 영원한 생명이다. 인간은 과연 '빵' 즉, 물질적인 욕구 충족으로 행복할 수 있는 존재일까?

....

....

....

1. 과학자의 윤리적 양심

흔히 과학자들은 실험실 내에서의 문제에만 책임을 지는 것이지 사회적 결과에 대해서까지 윤리적 책임을 질 의무는 없다고 주장한다. 과연 과학자의 윤리적 책임은 실험실 내에만 해당되는 것일까? 과학자의 연구가 시행되는 실험실은 국가의 정책이나 기업의 상업성과 무관한 진공상태의 공간일까? 과학기술자의 윤리적 책임의 범위에 대해 함께 논의해 보자.

2. 사회적 관심과 의식화

오늘날 시민들의 눈이 닿지 않는 곳에서 과학기술이 연구되고 있으며, 그 과학기술이 우리의 삶과 미래를 결정하고 있다. 그럼에도 불구하고 시민들은 과학기술의 결정권에 아무런 영향을 발휘하지 못하고 있다. 과학기술의 문제는 결국 과학기술자들만의 전문적 영역으로 생각되고 있다. 시민들의 의식을 일깨우고, 과학기술에 대한 사회적 논의를 활성화하기 위한 방안이 있다면 어떤 것이 있을까?

　모든 과학기술은 양면성을 가지고 있다. 인간 해방과 동시에 생태계와 인간 생명 파괴의 위험성을 지니고 있다. 때문에 과학기술에 대한 악마화나 우상화는 모두 신학적으로 잘못된 것이다. 과학기술은 악마의 손길도 아니며, 그렇다고 테크노피아의 환상일 수도 없다. 관건은 과학기술을 어떻게 인간적, 사회적, 생태학적으로 부합하게 활용할 것인가 하는 것이다. 말하자면 과학기술의 사용에 대한 인간의 윤리적 책임을 강화하는 것이 중요하다.

　우선적으로 실험실이라는 현장에 있는 과학기술자들의 윤리의식의 각성이 필요하다. 과학기술이 또 다른 바벨탑을 쌓는 일이 되지 않도록 주의해야 할 것이다. 동시에 오늘날 과학기술자들 역시 기업과 국가라는 더 큰 조직에 의해 방향이 결정되고 있다는 사실을 직시할 때, 사회구성원 모두의 의식화와 참여가 요청되고 있다. 과학기술상의 발전 속도에 비해 그것을 올바른 방향으로 인도하고 통제할 수 있는 인간의 도덕적 능력이 충분히 발전하지 못할 때 결국 인류의 과학기술 문명은 위기에 빠지고 말 것이기 때문이다.

V. 더 깊은 연구를 위하여

주충노, 『생명과학의 현대적 해석』, (연세대학교 출판부, 1990).

《기독교사상》, 1997년 7월호.

김기태 외, 『복제인간. 성경적 관점에서 본 복제인간 논쟁』, (기독교대학
  설립동역회출판부, 1994).

생명 경외와 기독교 신앙

I. 현실 바라보기

모든 생명 앞에서의 경외를 강조했던 알버트 슈바이처는 자신의 어린 시절의 신앙을 다음과 같이 묘사하고 있다.

"나는 매우 이른 어린 시절부터 동물에 대한 동정심을 갖는 것이 필요함을 느꼈다. 학교에 가기 전부터, 왜 내가 저녁 기도 때 오직 사람들만을 위해서 기도해야 하는지 이해할 수가 없었다. 그래서 어머니가 나와 기도하고 작별의 키스를 한 후에는 비밀히 내 스스로 작성한 것에 따라 모든 살아 있는 것들을 위해 다음과 같이 보충기도를 드렸다. '사랑의 하나님, 숨쉬는 모든 것을 보호하시고 축복하시며, 이를 모든 악에서 보존하시고 편안한 쉼을 주시옵소서.'"

　　슈바이처의 귀한 신앙과 실천이 많은 사람들에게 생명에 대한 깨달음과 감동과 사랑을 안겨 주었다. 그러나 인간을 포함한 모든 피조물의 생존 상황은 매우 참혹하고 이로 인하여 우리 모두는 깊은 위기감을 갖고 살아간다. 위에서 공부한 현대의 소비생활, 자연과 인간의 관계, 자연공학의 발전과 그 부작용 등 현대 생명윤리의 복잡한 현실은 우리 신앙인의 올바른 윤리적 판단까지도 어렵게 만들고 있다. 아래의 사건은 얼마 전 독일에서 있었던 실제 사건이다. 함께 읽고 아래의 문제에 대하여 함께 생각해 보자.

　　1992년 독일 에얼랑겐시(市) 근처의 고속도로에서 과속으로 인해 교통사고가 일어났다. 사고의 주인공은 마리온 플록(M. Ploch)이라는 젊은 부인이었다. 그녀는 사고 직후 뇌사 상태에 빠졌는데, 사고 당시 임신 중이었다. 다행히도 태아는 죽지 않고 살아 있었다. 그러나 태아는 그 상태에서 세상에 나와서는 살 수 없는 미성숙아였다. 만약 태아가 인큐베이터의 도움으로 살기 위해서는 최소한 6개월 간 어머니의 태 속에서 정상적인 성장을 계속해야만 했다.

　　그녀의 치료를 담당했던 에얼랑겐 대학병원은 이 문제의 결정을 위해 윤리위원회를 소집하고 비록 그녀는 이미 돌이킬 수 없는 죽음의 과정 속에 있지만 태아만은 살리기로 결정하였다. 모태에서 태아의 계속적 성장을 유도하기 위해 인위적 방식으로 6개월 간 어머니의 죽음을 늦추기로 결정한 것이다.

　　어머니의 죽은 몸은 현대의학의 투자와 실험의 대상이 되

었다. 태아의 혈액순환, 호흡, 영양 그리고 배설은 인공
적으로 해결되었고, 기계장치와 약품을 이용해 어머니
의 몸의 온도를 조절하여 태아로 하여금 어머니가 살
아 있는 것처럼 착각하게 만들었다. 태아에게 고전음
악도 들려주고, 사랑의 말을 전하며, 어머니의 몸을
쓰다듬어 주기도 하였다.

　　그러나 이 생명실험은 삶과 주검과 죽음의 개념에 대
한 새로운 정의를 요구하였을 뿐만 아니라, 이 실험에 대한
찬반 논의로 독일사회가 들끓었다. 독일의 대표적 지성적 신
문인 차이트(Zeit)는 태아를 살리기 위해 어머니의 몸을 실험
의 대상으로 삼겠다는 대학병원의 결정을, '인간은 자신이
할 수 있는 모든 것을 하겠다'는 사고에 근거한 '휴머니즘의
폭력'이라고 신랄하게 비판하였다. 많은 여성들도 윤리위원
회의 결정에 반기를 들었다. 이 결정은 무엇보다도 남성 중심
적 결정이며, 여성의 몸을 소재로 한 인체실험이라고 규정하
고, 앞으로 윤리위원회에는 반드시 여성이 참여해 여성의 의
견과 권리를 대변해야 한다고 강력히 요구하였다.

　　이 같은 갈등과 논쟁이 절정에 도달했던 1992년 11월 태아
는 어머니 플록이 뇌사한 지 14일 만에 자연유산되었고, 이
로 인해 이 의학 실험은 중단되었다. 태아의 사망 후 대학병
원측은 이런 경우가 또 발생한다면 언제나 다시 동일할 결정
을 내릴 것이라고 선언하였다. 이 사건은 결국 임신중절, 장
기이식, 안락사 등의 문제와 같은 많은 생명윤리적 논쟁을 동
시에 제기하였다.

1. 만약에 당신이 에얼랑겐 대학병원의 윤리위원으로 위촉되어 이 문제에 대한 결정에 참여하게 된다면 어떤 입장을 제안하겠는가?

....

....

....

Ⅱ. 현실에서 성경으로

우리가 믿고 고백하는 하나님은 지금도 살아 계시고(시 42:3), 영원히 생존하시는 분(단 12:7)이다. 성서에서 증언하는 생명은 단순히 모든 생명체의 생물학적 종합이 아니다. 성경은 건강과 질병, 부와 가난, 장수와 행복과 같은 자연적 생명의 현상뿐만 아니라 영원한 생명과 구원과 같은 생명신앙도 증거한다.

1. 레위기 17:3-7을 읽고 사람들이 가축을 도살할 때는 어떤 제사 절차를 먼저 밟아야 했는지, 그리고 왜 하나님께서는 그 같은 절차를 제정하셨는지 함께 생각해 보자.

....

....

....

2. 레위기 17:10-14을 읽고 다음의 문제를 함께 생각해 보자.

　1) '피를 먹지 말라' 는 하나님의 금령의 뜻은 무엇일
　　까?(참고: 창 9:4, 신 12:23-25)

　2) 짐승이나 새의 피를 흘렸으면 이를 흙으로 덮으라고 명
　　하신 뜻은 무엇인가?(참고: 창 2:19, 창 9:8-10)

3. 요한복음 11:25-26에서 증거된 예수는 어떤 분이신지 알
　아보자(참고: 요 14:6).

인간의 생명은 하나님이 주신 절대적인 것이다. 그러나 우리의 사회적 현실에서 이 신앙적 정언 명령을 실천에 옮기는 데는 많은 어려움이 뒤따른다. 사실상 한 생명의 시작과 끝을 확정하기란 쉽지 않다. 과연 인간의 생명은 언제 시작되어서 언제 끝날까? 또 한 인간이 죽었다고 선언할 수 있는 때는 언제일까? 죽음에 관한 확실한 지식을 갖고 있지 못한 인간들에게 이에 만족한 대답은 의학적으로나 법적으로 불가능할 것이다. 몇몇 예시적인 문제들을 통해 생명을 사랑하고 보존하기 위한 신앙적 실천방안에 대하여 함께 생각해 보자.

1. 최근의 통계에 따르면 생명경시 풍조, 남아선호 사상, 경제적 무능력, 미혼모의 법적 권리 박탈, 불충분한 모자보호법 등 여러 가지 이유로 우리 나라에서는 일년에 약 150만 명 정도의 태아가 인공 유산되고 있다. 이에 대해 우리는 어떻게 대처해야 할까?(참고: 출 21:22, 시 139:13, 렘 1:4-5).

2. 오늘 우리가 사는 지구상에는 수많은 영구 식물상태의 환
   자들이 있다. 이로 인해 막대한 의료비용이 들고 본인은 물
   론 가족에게까지 고통을 주는 일이 발생하여 '고통과 통증
   이 없는 편안한 죽음'을 뜻하는 안락사(euthanasia) 내지
   존엄사(death with dignity)를 인정하자는 의견이 대두되
   면서, 죽음을 선택할 권리(right to die)는 환자의 인신의
   자유에 속한다는 의견도 등장하고 있다. 안락사의 문제에
   있어 가장 어렵고도 중요한 윤리적 질문은 "그 생명이 살
   만한 가치가 있는가"라는 물음이다. 과연 우리들은 무엇에
   따라 인간의 생존 가치를 판단할 수 있을까?(참고: 출
   23:7, 마 10:42).

3. 1993년 11월 국내 한 일간지에 다음과 같은 기사가 실렸
   다. "한국인들의 특이한 식성, 특히 일부 동·식물에 대한
   미신적 도취는 이제 세계적으로 유명해졌다. 동남아에서는
   코브라, 남미에서는 해구신, 시베리아 등지에서는 곰쓸개
   를 찾는 한국인들이 화제가 되고 있다." 한국인들의 탐욕
   적 보신문화는 이제 세계적으로 유명해졌다. 동물학대와
   부끄러운 한국의 보신문화에 대한 신앙적 대안은 무엇일
   까?(참고: 잠언 12:10, 창 9:8-10, 출 20:10).

IV. 정리와 메시지

　과학기술시대를 살아가는 오늘날 인간의 생명만이 아니라 하나님의 많은 피조물들이 그 생존을 위협당하고 있다. 그들은 간절히 서로간의 연대적 사랑과 관심을 열망하고 있다. 세상에 태어날 권리를 강탈당하고 생명의 미래가 불확실한 태아, 자살을 꿈꾸며 절망 가운데 살아가는 정신적, 육체적 장애인들, 회복의 꿈을 상실하고 영육간에 고통과 아픔을 당하며 오히려 안락사를 원하는 환자들, 인간의 탐식의 대상이 된 수많은 동물들…. 하나님이 인간을 자신의 형상대로 지으시며 부여하신 존엄성은 세상의 어떤 상황 속에서도 감소하거나 상실할 수 없는 절대적인 것이다.

　그러나 이는 인간의 욕심과 죄로 인하여 더렵혀질 수 있다. 태아를 물건과 같이 취급하고 인간의 살아야 할 기본적 권리와 가치를 무시하고 심지어 '인류의 발전과 진보'라는 명목 아래 인간의 복제까지 시도할 때 인간의 존엄함과 인격은 시장에 내다 팔아도 좋은 상품이 되고 말 것이다.

　성경에서 볼 때, 하나님은 우리가 사랑받을 가치가 있기에 사랑하신 것이 아니다. 우리가 주님을 사랑하기 전에 그분은 우리를 먼저 사랑하셨다(요 4:19). 결국 우리는 모든 인간의 생명은 '하나님이 자기의 형상대로 지으신 존엄하고도 가치 있는 존재요, 하나님의 형상이신 그리스도를 십자가에 죽게까지 하시며 사랑하신 존재' 임을 확신하는 가운데, 모든 피조물을 사랑하시고 돌보라는 하나님의 명령과 위임을 다해야 할 것이다.

V. 더 깊은 연구를 위하여

맹용길,『생명의료윤리』, (장신대출판사 1987).

김중호,『의학윤리란 무엇인가?』, (바오로딸, 1995).

박충구,『한국사회와 기독교윤리』, (성서연구사, 1995).

J. 디자코모(박재순 역),『갈등하는 인간은 아름답다』, (성바오로 출판사, 1994).

공동 집필자

김승곤(성결대학교 교수)
김영일(강남대학교 교수)
김형민(한신대학교 강사)
노영상(호남신학대학교 교수)
민종기(웨스트민스터신학대학원 대학 교수)
박득훈(재건서울교회 목사, 웨스트민스터신학대학원 대학 강사)
신기형(한국복음선교원, 부산장신대학교 강사)
신원하(고려신학대학원 교수)
양낙흥(고려신학대학원 교수)
이상원(총신대학원 교수)
이정석(개혁신학교 교수)
임성빈(장로회신학대학교 교수)
정원범(대전신학대학교 교수)
정재후(문화선교연구원, 장로회신학대학교 강사)
정종훈(관동대학교 기독교학과 교수)
조용훈(한남대학교 기독교학과 교수)
홍민종(경민대학교 교수, 장로회신학대학원 강사)

■기독교윤리실천운동

기윤실은 함께 모여 선행을 격려하고, 교회와 함께 사회를 변화시키는 운동으로서 1987년 12월, 김인수·손봉호·장기려 외 38명의 발기인으로 창립되었다. 현재 21개 지부(해외 5개 지역 포함) 1만 2천여 명의 회원이 참여하는 운동으로 ▲먼저 기독교인 개개인이 성경의 가르침대로 올바른 삶을 살도록 돕고 ▲건강한 가정을 이루며 ▲교회가 교회의 사명을 다하도록 지원하며 ▲사회와 국가의 부정직과 부패를 개선하는 일을 하고 있다.

기윤실운동 지원기금은 기윤실 재정의 안정적 확보와 지역기윤실운동을 지원하기 위해 마련하고 있는 기금으로서 1차 모금 목표액을 5억 원으로 정한 후 현재 적립이 진행되고 있다. 이에 뜻 있는 분은 기윤실운동 지원기금 적립에 동참해 주시기 바란다.

신한은행 323-05-008965(기독교윤리실천운동)

회원 가입 및 후원 안내 (02) 871-7487

■기윤실신학위원회

기윤실신학위원회는 1997년 5월 31일, 창립총회를 열고 활동을 시작하였다. 본 위원회는 성경의 원리를 실생활에 적용하며 정의로운 사회 구현을 목적으로 하는 기독교윤리실천운동을 자문하고 이 운동에 협력하여 기독교윤리적 삶이 한국교회와 그리스도인들에게 확산되게 함을 목적으로 한다. 그리고 기독대학생들이 이 운동에 참여하도록 지도 육성한다. 기윤실신학위원회 위원은 기독교윤리학을 전공하였거나 신학교와 대학에서 기독교윤리학에 관련된 과목을 가르치는 신학자로서 기윤실운동의 취지와 행동지침에 공감하는 자로 구성되었다.

■ 이 교재를 활용하면서 느낀 점을 보내 주시면 기윤실 자료를 보내 드리겠습니다.

(151-600) 서울시 관악우체국 사서함 199호